AF250397

LE KHÉDIVE

ET LE SULTAN

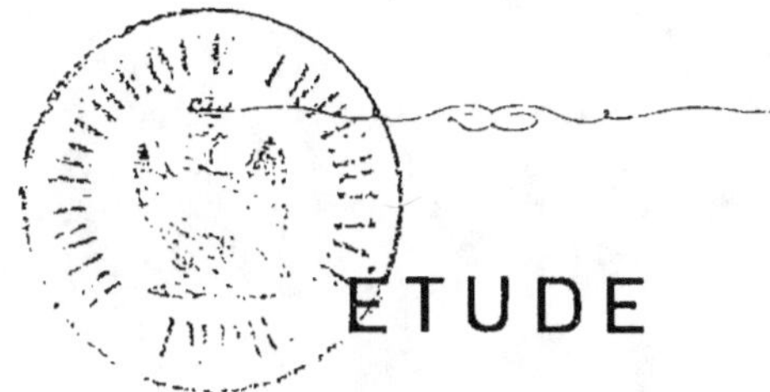

ÉTUDE

SUR LA QUESTION TURCO-ÉGYPTIENNE

PAR

HENRI GUILLAUMOT

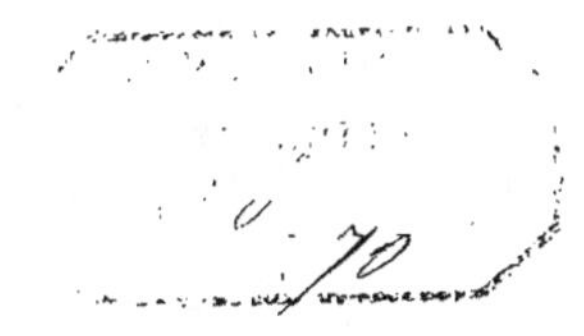

CHAUMONT

IMPRIMERIE ET LITHOGRAPHIE DE VEUVE MIOT-DADANT.

1870

LE KHÉDIVE ET LE SULTAN

I

DÉBUT DE LA QUESTION D'ORIENT.

L'origine de la question d'Orient remonte à 1832. Méhémet-Ali, fier des progrès accomplis en Egypte, grâce à son intelligente administration, fort du degré de prospérité auquel il avait élevé son peuple, résolut d'élargir le cercle dans lequel la Turquie le tenait renfermé.

Il se proclama avec hardiesse souverain indépendant. La Porte était alors dirigée par Mahmoud, homme aussi pauvre des qualités qui font le sage, que des talents qui composent le chef d'Etat. Il refusa d'accéder aux désirs de Méhémet-Ali. De là, guerre inévitable. Mais ce n'était pas une lutte ordinaire qui se préparait; ce n'était pas seulement deux hommes qu'on allait voir en présence, c'étaient deux principes. D'un côté, la vieille routine, de l'autre, l'aurore de la civilisation. Ici la lumière du progrès, là les ténèbres de la barbarie.

Le féal était plus riche d'idées que le suzerain.

En rusé politique, il avait su s'attirer les bonnes grâces de certains hommes d'Etat, et en habile guerrier, on l'avait vu prendre peu à peu tout le meilleur de la tactique européenne

Il s'était entouré de généraux instruits qui avaient réorganisé son armée sur le pied de celle de France. Au contraire, la Turquie, dans son indolence, avait négligé de faire appel au système nouveau. Depuis longues années, il n'y avait pas eu la moindre innovation. C'était toujours l'antique discipline, la méthode démodée des anciens sultans. De la sorte, lorsque le conflit éclata, il y eut deux souverains, l'un au caractère mâle et résolu, l'autre sans énergie ni virilité. L'issue de la lutte était facile à prévoir : Méhémet-Ali battit à plate couture les Turcs, rappelant par là au Sultan que le temps où il disait à son esclave : « Abaisse-toi » était passé.

II

LE COUP-D'ŒIL DES GRANDS HOMMES.

D'ailleurs, à propos de Méhémet-Ali, il nous vient une réflexion dont
on comprendra la portée. N'est-ce pas une des singularités de l'histoire
que cette analogie qui existe entre le caractère des conquérants. Il sem-
blerait que de siècle en siècle ils se transmettent une part de leur génie,
tant leur méthode se ressemble. César disait : *Veni, vidi, vici.* C'est la
devise de tous ceux qui ont marché sur ses traces. Voyez Charlemagne :
Sa pensée est une flèche qui va droit au but, avec la rapidité de l'éclair.
Il apparaît, disparait. Une victoire! Napoléon vole d'une extrémité de
l'Europe à l'autre, marquant chacune de ses haltes d'autant de succès.
Méhémet-Ali dénonce la même vitesse de résolution. Il pense, aussitôt
son projet s'exécute. Il ne se traîne pas dans l'ornière de ses prédécesseurs, il ne regarde pas le passé, mais l'avenir. Autrefois, on tâtonnait, lui
marche. C'est la clef de ses succès. Ces apparitions foudroyantes d'armées qu'on croit à cent lieues de là, ces marches forcées, ces combats
d'un instant, contiennent l'histoire entière du règne de Méhémet-Ali.
Il eut le tact de rompre avec le passé, tandis que le Sultan s'endormit
dans sa grandeur qui n'allait bientôt plus avoir de prestige.

TRAITÉ DE PAIX

Je dis donc que Méhémet-Ali fut pour l'Egypte un progressiste de haut talent, qui sut trouver le chemin de la victoire dans la fusion de son esprit encore empreint des derniers vestiges du vieux-monde avec celui des générations nouvelles.

Le Sultan fut vaincu dans toutes les rencontres. En vain conjurait-il Mahomet, menaçait-il ses généraux. Prières et menaces inutiles (1). Ibrahim-Pacha s'avança jusqu'aux portes de Constantinople, semant sur son passage l'épouvante et la terreur. Effrayé à la vue de cette marche triomphale, il implora un armistice de 40 jours. On le lui accorda, et peu de temps après, la paix fut signée. Voici les bases du traité, proposées par Méhémet-Ali :

1° Indépendance du Pacha ;

2° Hérédité du gouvernement de toutes les provinces administrées par lui, la Syrie comprise, dans la famille de Méhémet-Ali.

3° Paiement comme indemnité pour les frais de la guerre.

Ces conditions furent consenties. On stipula seulement que la Porte ne paierait pas d'indemnité et qu'au contraire Méhémet-Ali serait imposé à un tribut annuel.

Il est certain qu'une telle restriction n'aurait point reçu la sanction

(1) Voir les pièces officielles au *Moniteur universel*.

du Vice-Roi, si la Russie n'avait paru se ranger du côté des Turcs.

Laissons maintenant s'écouler un certain laps de temps pendant lequel la Turquie conclut un traité avec le Czar, et arrivons rapidement à la seconde guerre. C'est là qu'on retrouvera les linéaments de la question actuelle (1).

Le traité conclu entre les deux nations était onéreux pour Méhémet-Ali. Être vainqueur de droit et vaincu de fait, n'était-ce pas la plus sanglante des ironies. La Porte était repoussée et cependant maîtresse, battue et néanmoins elle dictait les conditions d'accord. Cela était pour le moins une inconséquence flagrante. Méhémet-Ali le comprit. Tout autre se serait peut-être arrêté; mais le Vice-Roi n'avait pas un de ces caractères qui concilient les opposites. Eh quoi! il avait eu le dessus, et, déduction faite, l'infériorité existait pour lui. D'où venait cette négation de son droit de vainqueur? Devait-il la rattacher au vieil ordre de choses? ou simplement à sa condition de féal? Telle était la question. Un coup d'éclat était nécessaire; il fallait une rupture pour démontrer au Sultan que le parlementarisme était tout autre. Méhémet-Ali se fortifia donc, et quand le moment fut arrivé, leva avec une noble hardiesse le drapeau de l'indépendance. C'était un grand spectacle pour l'Europe, que cette protestation d'un souverain paralysé dans son essor par un autre qui ne le valait pas.

La Turquie ne comprit pas mieux que la première fois. Elle accepta le cartel aveuglément. Il ne restait plus au Vice-Roi que de lui imprimer sur le dos la seconde édition de sa défaite. C'est ce qu'il fit (2).

(1) Voir les firmans accordant pardon. Il serait trop long de les relater ici.

(2) Voir les pièces diplomatiques.

IV

SECOND TRAITÉ DE PAIX.

Les Turcs furent taillés en pièces par Ibraïm-Pacha, fils de Méhémet-Ali. Il leur avait déjà donné une leçon non moins instructive. Cette fois, la supériorité de l'Égypte était constatée d'une manière écrasante. Les choses prenaient une mauvaise tournure pour la Turquie. Méhémet-Ali, encore vainqueur, pouvait cette fois étaler sans crainte ses exigences. Que faire? La victoire autorise. Le succès donne des droits irrémissibles. Il ne fallait donc pas moins des efforts de toute la diplomatie pour arranger le différend.

Il serait trop long de rapporter les pièces officielles et de retracer les péripéties de la question. Elle était beaucoup plus ardue à résoudre qu'au temps de la guerre précédente.

Enfin, après de nombreuses conférences, de tortueuses intrigues et d'inextricables pourparlers, le prince de Joinville, notre ambassadeur, parvint à asseoir les règles d'un traité. Il fut conclu en Angleterre. On l'appelle pour cela le traité de Londres (1). En présence de l'attitude des

(¹) Nous en donnons seulement le résumé :
1⁰ La base de l'arrangement sera le rétablissement d'une paix sous des conditions qui garantiront l'indépendance et la sûreté de l'empire ottoman contre toute nouvelle attaque de Méhémet-Ali.
2⁰ Hérédité accordée.
3⁰ Délimitation du pachalik.
4⁰ Le reste du territoire sera rendu.
5⁰ La flotte turque sera renvoyée.
6⁰ Ces dispositions seront communiquées à Méhémet-Ali, avec sommation de les accepter.
7⁰ Les puissances forceront le Vice-Roi à s'y soumettre s'il refuse.
8⁰ Indication des mesures coërcitives, si Méhémet-Ali s'oppose à signer.
9⁰ Mesures de précaution dans le cas où Ibraïm-Pacha marcherait sur l'Asie-Mineure ou continuerait la guerre d'un autre côté.
10⁰ Les vaisseaux étrangers quitteront la mer du Bosphore.
11⁰ La présence des pavillons étrangers ne doit être regardée que comme une mesure exceptionnelle.
L'arrangement aura la forme d'une convention, signée par les plénipotentiaires de tous les cabinets.

puissances qui plaçaient la Turquie sous leur protectorat, Méhémet-Ali ne put que signer la Convention.

Au moment où les plénipotentiaires travaillaient à vider le différend, Mahmoud prononça la déchéance du Vice-Roi. C'était une petite vengeance de cœur. A défaut des armes, on joue de la plume. Mais il n'y avait là qu'une ridicule fantasmagorie, qui ne pouvait pas plus obtenir de succès qu'elle n'en aurait aujourd'hui (1).

Que, par exemple, le Sultan vienne déposer Ismaïl-Pacha, croyez-vous que cette mesure aura de la valeur ? Oui, certainement, au point de vue du droit et des relations entre l'Égypte et la Porte; mais, de fait, personne n'oserait disputer le trône au Khédive. Par une telle mesure, la Turquie s'attirerait la haine de la France, qui encourage le progrès soutenu par Ismaïl. Celle-ci appuierait certainement celui qui a reçu avec une si gracieuse urbanité l'Impératrice et fortifié avec tant de courage M. de Lesseps à l'heure des déceptions, au moment où la perfide Angleterre l'abreuvait d'amertume.

Il n'y aurait que le frère du Khédive capable de le remplacer; mais, de l'avis de tous, on le déteste en Egypte, et le peuple, même quand la Porte le soutiendrait, le réprouverait. Du reste, le Khédive s'est attiré les sympathies de toute la population. Il a tellement diminué les charges qui pesaient sur le pays, que partout on est rempli d'affection pour lui.

Méhémet-Ali, déposé par le Sultan, n'en resta pas moins fort tranquille. La menace avait traversé l'air et voilà tout. La volonté des rois se heurte contre la volonté d'un pays. Pas plus alors qu'aujourd'hui, la Porte ne pouvait délier ce que le peuple tenait lié et défaire ce qu'il avait construit. Quand un chef est aimé de ses sujets, le despotisme des dominateurs s'annihile. C'est le pot de terre contre le pot de fer. Magnifique loi que celle de la fidélité ! Les conventions, elle les brise; les traités, elle les casse. Rien n'est plus beau que de voir la nation dire au supérieur de son maître : Halte ! Tu n'iras pas plus loin. Si tu as le pouvoir pour toi, nous avons l'attachement. Va-t-en avec tes élus, nous n'en voulons pas. Voilà ce que dirait le peuple égyptien aujourd'hui, voilà ce qu'il exprimait d'une façon si nette au temps de Méhémet-Ali.

_____

(¹) Dans ces derniers temps, l'hérédité a été confirmée par un firman de la Porte et a étendu les priviléges du Khédive.

De même qu'en 1869 tout homme qui prendrait la place d'Ismaïl-Pacha serait ignominieusement chassé, de même sous Méhémet-Ali personne n'eut osé tenir tête à l'homme qui avait, en quelques ans, placé son pays au rang des nations civilisées.

V

QUELLE EST LA NATION QUI A AMENÉ LA DIVISION ENTRE LA PORTE ET L'ÉGYPTE.

Depuis qu'Ismaïl-Pacha gouvernait l'Égypte, l'accord n'avait point cessé de régner entre les deux puissances. C'est seulement au début de l'année 1869 que certains bruits d'inimitiés se firent entendre. On chercha longtemps quelle en était la cause. On s'évertua à trouver les prétextes. Il n'y en avait qu'un : *la jalousie de l'Angleterre.*

Depuis la renaissance de l'Égypte, commencée sous Méhémet-Ali, l'Angleterre a toujours cherché noise à cette nation.

Lorsque le Vice-Roi réclama l'indépendance, elle répondit d'une façon négative. Cette hostilité ne vient que de l'envie. L'Angleterre est l'ennemie-née des pays qui progressent. C'est la nation rapace par excellence. Elle veut tout attirer à elle, de ses doigts crochus. Sondez les profondeurs de sa politique, vous y verrez toujours l'astuce et la finasserie. C'est la nation qui soudoie les armées pour faire écrouler les trônes qui lui déplaisent. C'est elle qui cloue Méhémet-Ali par un traité dont elle a conçu tous les articles. C'est elle qui martyrise Napoléon et le fait périr sur un roc, dans les affres d'une longue agonie. C'est elle qui fait échouer les expéditions capables d'entraver son commerce ; qui suggère aux uns l'idée de guerre, aux autres l'idée de paix, tout cela pour son profit personnel. Rien ne l'émeut, ni les projets gigantesques, ni les entreprises de Titans, ni les essais grandioses. Quand cela peut lui être nuisible, elle cherche à enrayer la marche. Pour Albion, il n'est point de grandes choses, il n'y a que de l'or et des bank-notes.

VI

INTRIGUES ET ENVIE.

J'estime la haine du marquis de Boissy. On doit exécrer ceux qui ont constamment cherché notre ruine. On est néanmoins forcé de se faire l'allié de cette nation, parce qu'elle a le monopole du commerce. Mais il n'est pas une province, pas un royaume, pas un chef d'État qui, dans son for intérieur, n'abhorre ce pays de spéculateurs.

Les intrigues de l'Angleterre, relativement à l'Égypte, ont commencé en 1855, à l'époque où on voulut travailler au canal.

Nous allons retracer sommairement l'histoire de sa conduite :

M. de Lesseps demande au Sultan la cession de terrains égyptiens pour ouvrir le canal. Intervention de Strafford de Redcliffe. Il s'efforce d'insinuer au Sultan que cette idée n'est rien moins que vicieuse. Lord Palmerston appelle ce projet une folie, un projet chimérique (1). Las d'une guerre inutile, il essaie de renverser l'entreprise de M. de Lesseps au moyen d'un contre-projet. Il veut qu'on traverse le désert par une voie ferrée. Idée digne d'un cerveau anglais! Mais personne ne mord. Les actionnaires font la sourde oreille et lord Palmerston en est pour ses frais d'éloquence. Après cette manœuvre, vient l'insulte. C'était juste. Il appelle M. de Lesseps chevalier d'industrie, soutireur de capitaux (2).

(1) Lettre à l'Empereur.

(2) Termes anglais qui ont cette signification.

En voilà de l'outrecuidance et de la galanterie ! Enfin, tous ses efforts ayant échoué, il ne chercha plus qu'à profiter le mieux possible de l'entreprise.

Ici nous entrons dans la seconde période des tracasseries de l'Angleterre.

Pendant le temps du travail, elle donne le plus possible des nouvelles inexactes, de fausses alertes, afin de provoquer une baisse sur les cours de la Bourse et en même temps d'arrêter les capitalistes prêts à répondre à l'appel de M. de Lesseps. Quand Ismaïl-Pacha succéda à Mohommed-Saïd, elle fit de nouveau tous ses efforts pour que la Porte imposât à l'Égypte certaines conditions mauvaises pour le Khédive et M. de Lesseps. Elle ne réussit qu'à provoquer un firman aussi vite retiré que conçu (1). Enfin l'œuvre était achevée. Croit-t-on que l'Angleterre s'arrêta ? Point. Venait la cérémonie d'inauguration. Elle fit tout son possible pour voir le Sultan accepter la présidence. On voit combien sa haine contre l'Égypte est grande. Elle déteste le Khédive parce qu'elle le trouve trop indépendant et en même temps parce qu'il a encouragé une œuvre qui lui est insupportable (2). Mais ses machinations n'eurent aucun succès.

Il lui restait l'ultime moyen, elle l'employa ; de sorte qu'on peut dire qu'elle a usé toutes ses ressources : elle essaya d'amener la guerre entre les deux puissances. De là, ces nouvelles inquiétudes, ces bruits qui transpirent chaque jour. Espérons que pas plus là qu'ailleurs, notre perfide voisine ne parviendra à ses fins.

Aujourd'hui la lutte est circonscrite sur le terrain financier. L'Angleterre cherche à regagner sur les capitaux ce qu'elle a perdu en diplomatie. Ce n'est que de ce pays qu'arrivent les nouvelles d'ensablement, de chocs, etc. Autant de ruses pour amener la baisse et s'emparer du cours.

Que les capitalistes se défient donc des journaux anglais ; il y a là une ligne tracée d'avance, un complot en quelque sorte destiné à faire perdre toute valeur au canal de Suez.

---

(1) Le Sultan défendait au Khédive d'envoyer ses fellahs travailler au canal et lui interdisait de fournir de l'eau douce aux travailleurs ! C'était tuer l'œuvre d'un coup. Mais le Khédive en appela à Napoléon qui fit arrêter l'effet du firman.

(2) Dieu sait si elle le supporte aujourd'hui.

VII

ÉVENTUALITÉ D'UNE GUERRE ENTRE L'ÉGYPTE
ET LA PORTE.

En cas de guerre, les vieilles questions seraient ramenées sur le tapis. Car, qu'on fasse bien attention, la victoire a toujours favorisé l'Égypte. Or, si son droit était mis en avant, beaucoup lui accorderaient la priorité. Mais ces questions sont trop ténébreuses pour y jeter la lumière avant le jour. Songeons seulement que si un conflit éclatait, le Khédive (1) aurait de puissants alliés. L'Empereur a toujours estimé le chef de l'Égypte, qui a un gouvernement sincèrement libéral.

Le voyage de l'Impératrice a scellé ces liens d'intimité.

D'ailleurs, à parler vrai, où va la Turquie? N'est-elle pas vouée d'avance à la ruine? Le czar n'est-il pas là qui prépare ses armes pour profiter de la curée. Constantinople est plutôt une proie qu'un empire solide. Ses assises sont ébranlées. Voyez au contraire l'Égypte : Il y a là un sang chaud, un peuple qui ne demande qu'à respirer largement. D'un côté, la Turquie s'affaisse. De l'autre, l'Égypte se relève. Là, les débris d'une nation rongée par ses propres vices. Ici, une autre province qui se lève au soleil de la civilisation. Partout, sur les points les

(¹) Le mot Khédive est persan. Il signifie seigneur. Les prédécesseurs d'Ismaïl-Pacha s'appelaient Pacha et Vice-roi. Ce n'est que depuis peu de temps que le Vice-Roi a pris, comme nom officiel, Khédive.

plus faibles, sous les rapports les plus petits, l'Égypte progresse plus rapidement que la Turquie.

Le jour n'est donc pas loin où l'Égypte et la France seront deux sœurs (1). Ce jour-là, les débris de la politique ancienne seront inféodés à la politique du XIXᵉ siècle, qui se résume en deux mots : Liberté et sagesse.

(¹) Mgr Bauër a parfaitement défini cette idée dans son discours de l'inauguration du canal. Il disait en achevant : « Salut à toi, Nouveau-Monde ! Salut à toi, vieille Europe ! Voilà le trait d'union établi.

..... « Altesse (en s'adressant au Khédive), vous êtes le régénérateur de l'Egypte, l'histoire vous réserve une glorieuse page. »

Si le Sultan eût été là, Mgr Bauër eût été embarrassé pour parler de même.

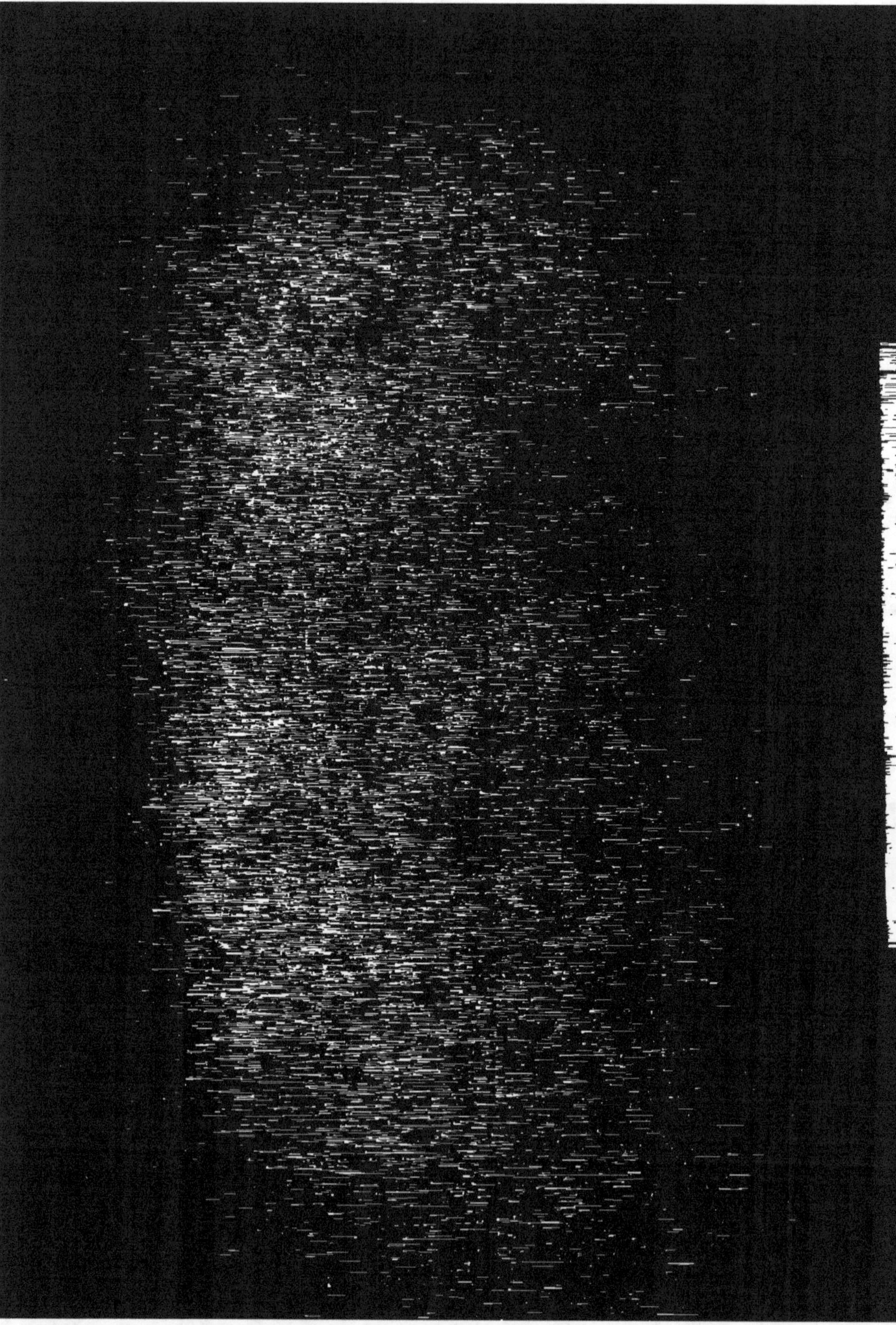